Toleranz und Respekt

Einfach gut erklärt von Brigitte Hoffmann,
mit Bildern von Dorothea Tust

Jeder Mensch ist anders

In deiner Schulklasse gibt es Kinder mit schwarzen, blonden, braunen und mit roten Haaren. Manche haben Locken, andere nicht. Manche tragen die Haare lang, andere kurz. Und es gibt noch viel mehr Unterschiede. Wie wäre es, wenn sich alle Menschen gleichen würden wie ein Ei dem anderen?

Wie ist es bei dir?

Nimm dir ein Blatt Papier und zeichne die Köpfe von einigen deiner Klassenkameraden. Worin unterscheiden sie sich?

Anders ist spannend

Niklas übt häufig Kunststücke, Thea kann schnell rennen, Maurice forscht gern, Svea liebt Tiere, Aylin löst jedes Rätsel, Karl singt gern. Bei jedem Menschen gibt es etwas Besonderes zu entdecken. Manches kann man sehen, einiges bemerkt man erst, wenn man jemanden besser kennt.

Alle Menschen haben Gefühle

Wenn Aylin wütend ist, bekommt sie rote Wangen. Niklas dagegen meckert dann sofort herum. Aber beide fühlen dasselbe. Sie zeigen es nur anders. Jeder Mensch kann Gefühle wie Wut, Angst, Zuneigung, Trauer oder Freude empfinden.

Menschen fühlen sich oft unterschiedlich: Aylin ist wütend darüber, dass Eis auf ihre Sachen getropft ist, Niklas findet das komisch.

Alle Menschen haben Bedürfnisse

Jeder Mensch muss essen und trinken. Auch Liebe, Fürsorge, Bewegung, Lernen und Spielen sind wichtig.

Die Menschenrechte

Alle Menschen sind gleich viel wert. Es ist egal, welche Hautfarbe jemand hat, ob man männlich oder weiblich ist, welche Sprache man spricht, an welchen Gott man glaubt, was man denkt, wie viel man besitzt und wo man geboren wurde. Niemand darf wegen seines Aussehens, seiner Sprache, seiner Religion oder aus anderen Gründen benachteiligt werden.

Ein fremder Junge

Pauls bester Freund heißt Jannik und wohnt gegenüber. Letzte Woche ist ein fremder Junge in Janniks Nachbarwohnung eingezogen. Seitdem klingelt Jannik viel seltener an Pauls Tür. Dauernd spielt er mit dem anderen Jungen. Paul ist traurig und wütend und fühlt sich ausgeschlossen. Er findet den Fremden blöd und will ihn nicht kennenlernen. Er wünscht sich, dass alles wieder so ist wie früher.

Zoff!

„Hey Jannik, wieso läufst du dauernd mit dem neuen Typen rum?", ruft Paul über die Straße. „Ich heiße Leo!", sagt der fremde Junge. „Dich hat keiner gefragt!", brüllt Paul und ärgert sich immer mehr. „Was ist los mit dir, Paul?", ruft jetzt Jannik. Da droht Paul: „Wenn du weiter mit dem da spielst, bist du nicht mehr mein Freund." – „Ach, dann hau doch ab!", schreit Jannik enttäuscht.

Respektvoll geht's besser

Paul merkt, dass er zu weit gegangen ist. Er geht mit einem Kartenspiel über die Straße, um es wie früher mit Jannik zu spielen. Der will aber, dass Leo mitmacht. Zögernd fangen sie an. Nach einer Weile merken sie, dass man zu dritt viel besser Karten spielen kann. Ob Paul und Leo Freunde werden, wissen sie noch nicht. Aber sie erkennen an, dass sie beide Janniks Freund sind.

Was ist „Respekt"?

Das lateinische Wort „respectus" bedeutet Rücksicht. Wer die Gefühle und Bedürfnisse anderer anerkennt und berücksichtigt, hat Respekt. Alle Menschen sollen einander Respekt entgegenbringen, Kinder den Erwachsenen ebenso wie Erwachsene den Kindern.

Vorsicht ist wichtig

Wenn du jemanden nicht kennst, kannst du nicht einschätzen, wie er sich dir gegenüber verhalten wird. Respektiert er dich? Einem Fremden fällst du nicht gleich um den Hals.
Du hältst Abstand.
Dadurch schützt du dich.

Stell dir vor, dass der Sicherheitsbereich, den jeder braucht, wie ein Ring um ihn herum liegt.

Kinder und Erwachsene

Flora und Moritz tuscheln miteinander. Ihr Lehrer, Herr Wirtz, erklärt gerade etwas. „Ruhe dahinten", sagt Herr Wirtz. Flora streckt ihm die Zunge raus.

Kurze Zeit später muss Flora ein schwieriges Wort schreiben. Herr Wirtz zeigt ihr, dass sie einen Fehler gemacht hat. „Wie muss ich es denn schreiben?", fragt sie leise. „Du wirst es wohl nie lernen, Flora", sagt Herr Wirtz nur und geht weiter.

Flora hat die Gefühle ihres Lehrers verletzt und Herr Wirtz die von Flora. Beide haben sich respektlos verhalten.

Sie sprechen miteinander und klären die Situation.

Abgemacht!

Deine Lehrer bringen dir etwas bei. Deine Eltern sorgen gut für dich. Du befolgst ihre Anweisungen. Alle beachten die Regeln im Zusammenleben. An ihre Abmachungen müssen sich Erwachsene und Kinder jeden Tag halten.

Verlieren und gewinnen

Emma und Nele sind gute Sängerinnen. Ihr Chor wird im Mai „Schneewittchen" als Märchenoper aufführen. Beide Mädchen wollen das Schneewittchen spielen. Auf die Rolle der bösen Königin hat keine von ihnen Lust. An einem Proben-Nachmittag singen sie der Chorleiterin vor. Emma singt sicherer und besser. Sie darf Schneewittchen sein. Nele findet das ungerecht. Jetzt will sie nicht mehr mitmachen.

Zur nächsten Probe kommt Nele dann doch.
Sie kann den Text der bösen Stiefmutter
auswendig und übernimmt die Rolle.
Sie hat es geschafft, Emmas Leistung
zu respektieren. Das war schwer.
Aber nach und nach merkt sie,
wie viel Spaß es macht, die böse
Stiefmutter zu singen.

Leben und leben lassen

Wenn Leute zusammenleben, stören sie sich manchmal gegenseitig.

Die Nachbarn mögen es nicht, wenn Malte Schlagzeug übt.

Amelie kann das Parfüm ihrer großen Schwester nicht ausstehen.

Alexander hat Angst vor dem Hund der Kowalskis.

Besser geht's mit Rücksicht, also Respekt. Malte übt nicht länger als eine halbe Stunde am Nachmittag. Da sind seine Nachbarn meistens nicht da.

Amelies Schwester parfümiert sich nur noch kurz bevor sie ausgeht.

Die Kowalskis rufen ihren Hund zu sich, wenn Alexander vorbeigeht.

Maltes Nachbarn, Amelie und Alexander nehmen Dinge in Kauf, die sie eigentlich nicht mögen. Sie sind tolerant.

Was bedeutet „Toleranz"?

Das lateinische Wort „tolerare" heißt: ertragen, aushalten, zulassen. Tolerant sein heißt, Unerwünschtes auszuhalten, also sich nicht gleich zu ärgern, wenn man etwas bei einem anderen nicht mag.

Alles im Lot?

Malte hält seinem Nachbarn manchmal die Hoftür auf, wenn der einen schweren Müllbeutel wegbringt. Amelie und ihre Schwester teilen sich den Platz in ihrem Zimmer gerecht. Alexanders Familie und die Kowalskis grüßen sich freundlich. Wenn alle im Haus die Gefühle und Bedürfnisse der anderen achten, sie sich also gegenseitig respektieren, fühlen sich alle wohl.

Die Bedürfnisse und Gefühle aller im Haus werden berücksichtigt. Die Waage ist im Gleichgewicht.

Aus Respekt entsteht Toleranz

Malte liebt sein Schlagzeug. Amelies Schwester ist ganz verrückt nach dem Duft von Parfüm. Und die Kowalskis können sich kein Leben ohne Hund vorstellen. Aber sie stören mit ihren Bedürfnissen manchmal andere. Nur wenn sie deren Bedürfnisse anerkennen, dürfen sie mit Toleranz rechnen, also damit, dass die anderen ihr Verhalten hinnehmen, obwohl es sie stört. Toleranz geht über Respekt hinaus.

Wenn eine Gruppe eine andere häufig stört, stellt sie ihre Bedürfnisse über die der anderen Bewohner. Die Waage gerät aus dem Gleichgewicht.

Wo hört die Toleranz auf?

Malte

Amelie

Wenn Malte regelmäßig schon vor dem Frühstück auf seine Trommeln eindrischt, werden die Nachbarn sich beschweren.

Wenn Amelie den ganzen Tag von ihrer Schwester eingenebelt wird, werden sich die beiden immer wieder streiten.

Wenn die Kowalskis ihren Hund an Alexander hochspringen lassen, werden er und seine Eltern nicht mehr freundlich sein, sondern ein ernstes Gespräch verlangen.

Will jemand rücksichtslos seinen Willen durchsetzen, solltest du nicht tolerant sein. Sage laut und deutlich, was dich stört und was du willst. Deine Bedürfnisse sind wichtig.

Alexander

Schon gewusst?

Was ist Aggression?
a) Ein Kampfsport
b) Ein Putzmittel
c) Ein Angriff oder eine Belästigung

Lösung: c)

Im Großen wie im Kleinen

Ohne Toleranz und Respekt kommen Menschen nicht miteinander aus: Streit entbrennt in der Familie, unter Freunden, aber auch zwischen Staaten. Wahrscheinlich lebst du in Deutschland, in Österreich oder in der Schweiz. Auf der Welt gibt es noch etwa 190 andere Staaten. In jedem Land leben die Menschen anders.

Und auch die Staaten müssen Rücksicht aufeinander nehmen, weil sie oft unterschiedliche Interessen haben. Deshalb müssen die Menschen in den Regierungen miteinander sprechen. Tun sie das nicht und wollen sie ihre Bedürfnisse einfach durchsetzen, kann im schlimmsten Fall sogar Krieg ausbrechen.

Auch Politiker müssen manchmal lange diskutieren, bevor sie zu einer Lösung kommen.

Fremde Lebensart ganz nah

Sommerferien! Radife und Marie sind heute verabredet. Schon morgens ist es heiß. „Endlich können wir mal zusammen schwimmen gehen!", denkt Marie. Am Telefon schwärmt sie ihrer Freundin von ihrem Plan vor.

Doch Radife hat keine Lust. „Lass uns lieber im Park picknicken", schlägt sie vor.

„Aber dann gehen wir morgen ins Freibad", beharrt Marie. „Nein, das geht nicht", erklärt Radife. „Wir sind Muslime. Ich darf mich vor fremden Männern und Jungen nicht im Badeanzug zeigen. Schon ein bisschen schade, dass wir nicht ins Freibad gehen können, aber ja nicht schlimm. So ist das eben in meiner Familie." Es dauert eine Weile, bis Marie ihre Enttäuschung hinunterschluckt. Danach wird es aber ein toller Tag. Toleranz erhält die Freundschaft.

Schon gewusst?

Was ist „Kultur"?
a) Eine wertvolle Uhr
b) Die Lebensweise einer großen Menschengruppe
c) Eine Rinderherde

Lösung: b)

Pixi Wissen Rätselseite

1. Falsche Wörter

Jeder Mensch sieht anders **fern**. Aber alle haben die gleichen **Gummibärchen** und **Schweißfüße**. Wenn man miteinander auskommen will, muss jeder auf den anderen **Klarsicht** nehmen. **Klarsicht** nennt man **Konfekt**.

Welche Wörter müssen durch diese ersetzt werden: Respekt, Bedürfnisse, Rücksicht, aus, Gefühle?

2. Sie gelten für jeden, die
_ E _ _ C _ _ N - R _ _ H _ _ .
Finde die zwei Teile des Lösungswortes.
Die Bilder helfen dir dabei.

3. Melanie ist nicht gut im Schulsport. Ihretwegen hat die Mannschaft verloren.

Wer verhält sich tolerant?
a) Ilona
b) Steffi
c) Lukas

Lösung: 1. Jeder Mensch sieht anders aus. Aber alle haben die gleichen Gefühle und Bedürfnisse. Wenn man miteinander auskommen will, muss jeder auf den anderen Rücksicht nehmen. Rücksicht nennt man Respekt.
2. Menschen/rechte 3. Antwort b)

Pixi Wissen Lexikon

Achtung Ein anderes Wort für Respekt

Anerkennung Die Leistung eines andern würdigen

Aggression Jemand mit Worten oder Taten belästigen oder angreifen

Bedürfnis Das Verlangen nach etwas, das man zum Leben braucht

Gefühl Eine Empfindung wie Wut, Angst oder Freude

Gerechtigkeit Die Bedürfnisse aller werden gleich stark berücksichtigt.

Gesetz Eine Regel, die jeder befolgen muss, der dort lebt, wo sie gilt

Gewalt Jemand mit Worten oder körperlich zu etwas zwingen

Intoleranz Die Ablehnung von Menschen oder Menschengruppen, die anders sind

Kultur Alles, was von Menschen gemacht wird, wie Musik, Kunstwerke, Verhaltensregeln, die Art, Speisen zuzubereiten, und so weiter

Multikulturell Wenn Menschengruppen mit verschiedenen Verhaltensregeln, Festen oder Religionen zusammenleben, ist ihre Gemeinschaft multikulturell.

Überzeugung Eine als wahr empfundene Meinung zu Verhaltensregeln, Religion und anderen Dingen

Pixi Wissen Quiz

1. Warum lernen viele Menschen auf der Erde Englisch?

a) Weil sie dafür Geld bekommen
b) Weil Englisch fast überall verstanden wird
c) Weil Englisch die schönste Sprache der Welt ist

2. Wie zeigst du Respekt?

a) Indem ich jeden verhaue, der komisch aussieht
b) Indem ich brülle, wenn mir danach ist
c) Indem ich auf die Gefühle anderer Rücksicht nehme

3. Du bist tolerant, wenn …

a) du toll aussiehst.
b) du etwas erträgst, das dich stört.
c) du auch mal grüne Bohnen isst.

4. Die Vereinten Nationen (UN) sind …

a) ein Zusammenschluss von 192 Ländern. Die UN achten z. B. darauf, dass die Menschenrechte eingehalten werden.
b) ein Bläserverein.
c) die Veranstalter der Olympischen Spiele.

5. Was ist eine Religion?

a) Ein Gotteshaus   b) Ein dickes Buch
c) Der Glaube vieler Menschen an bestimmte Götter und Wahrheiten

6. Wenn ich ein Kind im Rollstuhl treffe, dann ...

a) lache ich es aus.
b) kaufe ich ihm einen Schokoriegel.
c) spreche ich es genauso an wie jedes andere Kind.

7. Wann übe ich ein lautes Instrument?

a) Wenn es die Nachbarn am wenigsten stört
b) Wenn mir danach ist
c) Fünf Minuten vor dem Unterricht

8. Wenn mich jemand ohrfeigt, dann ...

a) wehre ich mich laut.
b) bin ich tolerant und entschuldige mich.
c) verziehe ich mich still in eine Ecke.

Lösung
1 b   5 c
2 c   6 c
3 b   7 a
4 a   8 a

Pixi Wissen präsentiert

Bd. 1
Pferde und Ponys
ISBN 978-3-551-24051-4

Bd. 2
Piraten
ISBN 978-3-551-24052-1

Bd. 3
Die Erde
ISBN 978-3-551-24053-8

Bd. 10
Planeten und Sterne
ISBN 978-3-551-24060-6

Bd. 11
Das Meer
ISBN 978-3-551-24061-3

Bd. 13
Ritter
ISBN 978-3-551-24063-7

Bd. 17: Tiere in Garten und Wald
ISBN 978-3-551-24067-5

Bd. 21
Dinosaurier
ISBN 978-3-551-24071-2

Bd. 22
Das Wetter
ISBN 978-3-551-24072-9

Bd. 23
Fußball
ISBN 978-3-551-24073-6

Bd. 24
Streiten und Vertragen
ISBN 978-3-551-24074-3

Bd. 25
Mein Körper
ISBN 978-3-551-24075-0

Bd. 28
Eisenbahn
ISBN 978-3-551-24078-1

Bd. 30
Unsere Tiere
ISBN 978-3-551-24080-4

Bd. 33
Strand und Watt
ISBN 978-3-551-24083-5

Bd. 37
Experimente mit Wasser
ISBN 978-3-551-24087-3

Bd. 45: Gesund essen
und trinken
ISBN 978-3-551-24095-8

Bd. 49
Die Jahreszeiten
ISBN 978-3-551-24099-6

Bd. 58
Titanic
ISBN 978-3-551-24108-5

Bd. 59
Säugetiere
ISBN 978-3-551-24109-2

Bd. 60
Comic und Manga
ISBN 978-3-551-24110-8

Bd. 61
Deutschland
ISBN 978-3-551-24111-5

Bd. 62
Eltern
ISBN 978-3-551-24112-2

Bd. 63
Steinzeit
ISBN 978-3-551-24113-9

Bd. 64
Spiele für draußen
ISBN 978-3-551-24114-6

Bd. 65
Spiele für drinnen
ISBN 978-3-551-24115-3

Bd. 67
Papierflieger
ISBN 978-3-551-24117-7